AF585795

CONGRÈS INTERNATIONAL

D'HYGIÈNE ET DE DÉMOGRAPHIE

A PARIS EN 1889

HUITIÈME QUESTION

Statistique des causes de Décès dans les Villes

RAPPORT

Par M. le docteur Jacques BERTILLON

Chef des travaux statistiques de la ville de Paris
Membre du Comit consultatif d'hygiène publique de France

PUBLICATIONS DES *ANNALES ÉCONOMIQUES*
CHALLAMEL ET Cie
5, RUE JACOB, ET RUE FURSTENBERG, 2
PARIS

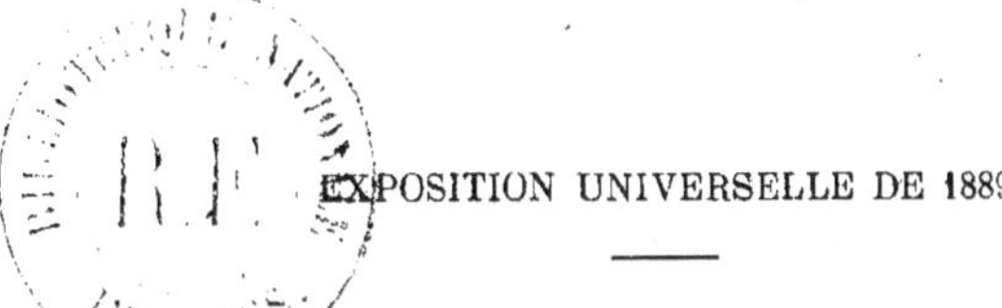

EXPOSITION UNIVERSELLE DE 1889

CONGRÈS INTERNATIONAL D'HYGIÈNE & DE DÉMOGRAPHIE

HUITIÈME QUESTION

STATISTIQUE DES CAUSES DE DÉCÈS DANS LES VILLES.

Rapport par M. le docteur Jacques BERTILLON

Chef des travaux statistiques de la ville de Paris
Membre du Comité consultatif d'hygiène publique de France

La statistique doit être le guide de l'hygiéniste.

C'est elle qui lui signale les malheurs qui frappent une population, et qui sollicite son intervention. Son rôle n'est pas seulement d'avertir des dangers qui nous menacent; souvent aussi elle nous rassure contre des périls imaginaires : pourquoi entreprendrait-on de coûteux travaux d'assainissement, pourquoi s'embarrasserait-on de règlements incommodes dans une ville dont l'état sanitaire ne laisserait rien à désirer, ou n'aurait subi que des accidents passagers et sans importance?

Si la statistique est le guide de l'hygiéniste, elle est aussi son juge. Lorsque l'hygiéniste a fait exécuter des travaux, lorsqu'il a fait adopter des lois ou des règlements sanitaires, c'est la statistique qui lui montre s'il a, comme il l'espérait, diminué les causes de mortalité, ou si, au contraire, ses efforts sont restés stériles. Ce dernier résultat, si désolant qu'il soit, n'est pas moins précieux que le premier, car il indique que les moyens employés ont été insuffisants ou tout à fait mauvais, et qu'il faut ou bien les améliorer, ou bien les abandonner complètement.

Malheureusement la statistique, dans beaucoup de villes encore, n'existe pas. Il faut, pour ouvrir les yeux du public, et par conséquent ceux de l'administration, quelque calamité épouvantable, telle que le choléra ; c'est alors seulement qu'on s'aperçoit que telle ou telle ville, et spécialement telle partie d'une ville est dans un état de malpropreté dangereux pour la santé publique, et qu'elle est depuis longtemps le rendez-vous de toutes les maladies épidémiques. Il a fallu le choléra à Naples, le choléra à Marseille, pour qu'on songeât à l'insalubrité de ces grandes cités et pour qu'on s'aperçût de la nécessité de les assainir. Cependant si l'on avait consulté la statistique, on aurait su depuis longtemps qu'il s'y faisait une consommation exagérée d'existences humaines, et on aurait remédié plus tôt à une calamité que l'on ignorait uniquement parce qu'elle était permanente.

La déplorable situation sanitaire de Marseille se retrouve malheureusement dans la plupart des villes du Midi. La statistique sanitaire de 1887 l'indique déjà suffisamment ; cependant comme les résultats d'une seule année d'observation peuvent être soupçonnés d'être exceptionnels, je préfère m'appuyer sur une période d'observation plus longue.

M. le professeur Brouardel a publié, sur la fréquence de la fièvre typhoïde dans les diverses garnisons de France, une carte (1) singulièrement instructive qui résume l'étude d'une période de treize ans (1873-84). Elle prouve que, tandis que dans les garnisons du centre et de l'est de la France, la mortalité par fièvre typhoïde ne dépasse pas 20 ou 30 décès par 10,000 hommes, elle dépasse 50 dans *tous* les départements qui entourent la Méditerranée. Ainsi, une partie considérable du territoire français est frappée dans une proportion effrayante par un fléau que l'on sait aujourd'hui combattre, et cependant ce fléau était ignoré. C'est à la statistique qu'il était réservé de déceler son existence.

C'est elle aussi qui spécifie dans quel lieu il faut le combattre. M. le professeur Brouardel montre que les garnisons les plus atteintes du Midi (et par conséquent de la France) sont celles de Montpellier, Marseille, Narbonne, Lodève, Beziers, Aix, Castelnau-

(1) *Recueil des travaux du Comité consultatif d'hygiène*, année 1888. (Imprimerie nationale.)

dary, Lunel, Toulon, Carcassonne, Tarascon. Telles sont donc les villes qui doivent le plus se préoccuper d'améliorer leur état sanitaire.

Mais dans chacune de ces villes, le fléau peut être, grâce à la statistique, étudié de plus près. M. le docteur Henrot, professeur à l'École de médecine de Reims, et maire de cette ville, expliquait récemment à l'Académie de médecine les services que l'étude démographique de sa ville a rendus à ses concitoyens. Il s'exprimait ainsi :

« Les travaux graphiques du bureau d'hygiène qui retracent d'une façon si exacte et si minutieuse, tout ce qui a trait à la démographie et au développement des maladies contagieuses et saisonnières, ont une très grande importance, car nous avons pu opérer de sérieuses réformes en mettant sous les yeux du Conseil municipal quelques-uns de ces plans topographiques. C'est ainsi qu'il nous a suffi de montrer combien il était inadmissible que dans une même ville (Reims), le taux de la mortalité fût de plus de 54 pour 1,000 dans un quartier, alors qu'elle était de moins de 30 p. 1,000 dans un autre quartier, pour que les dépenses d'assainissement fussent immédiatement faites.

« Il y a quatre ans, en voyant sur ces plans une épidémie de fièvre typhoïde localisée dans une partie de la ville, insuffisamment canalisée, nous avons pu l'arrêter en faisant distribuer, dans des tonneaux d'arrosage, de grandes quantités d'eau potable. Depuis que l'eau des fontaines a remplacé l'eau des puits, trop souvent contaminée par des infiltrations provenant des fosses d'aisances, la fièvre typhoïde a complètement disparu. »

La statistique est donc une sonnette d'alarme extrêmement précieuse pour l'hygiéniste : elle lui permet de connaître exactement l'ennemi qu'il veut combattre, et elle lui fait savoir si les armes qu'il lui oppose sont aussi efficaces qu'il l'espère.

Le Comité consultatif d'hygiène publique en France a reconnu la nécessité d'établir sur tout le territoire français (mais plus spécialement dans les villes) un système d'avertissements statistiques. Il ne fonctionne encore que depuis deux ans, et quoiqu'il rende déjà d'importants services, il est certain que dans beaucoup de villes encore, il est insuffisamment organisé, et ne donne pas des renseignements suffisamment exacts.

Le présent rapport a pour but de faire connaître l'organisation de ce service, et d'étudier comment il pourrait être amélioré.

Organisation actuelle de la statistique dans les villes de France

Il est manifeste que la statistique des causes de décès, pour donner toute l'utilité dont elle est susceptible, doit se faire sur tout le territoire, d'après des cadres parfaitement uniformes. C'est à cette condition seulement que des comparaisons instructives deviennent possibles. Par exemple il est important de savoir que Le Havre doit la mortalité considérable dont il est affligé, à la phtisie pulmonaire qui y est environ deux fois plus fréquente qu'elle ne l'est par exemple dans la ville pourtant très industrieuse de Saint-Étienne. Cette fréquence extrême de la phtisie éclaire d'une vive lumière la nosologie havraise, et indique de quel côté il faut chercher pour arriver à assainir Le Havre. Mais comment pourrait-on apprécier cette grande fréquence de la phtisie, si cette maladie est comprise (ainsi qu'il arrive dans un certain nombre de nomenclatures) dans la désignation trop générale de « tuberculose », tandis que dans d'autres elle est noyée sous la dénomination vague de « maladies des organes respiratoires? » Comment comparer entre eux des chiffres aussi dissemblables? Comment séparer dans la première de ces rubriques, les décès dus à la phtisie de ceux qui sont dus à la méningite ou à la péritonite tuberculeuse? Comment dégager dans la seconde de ces rubriques la phtisie de la pneumonie ou de la bronchite?

Cet exemple, pris au hasard, montre : 1° qu'il faut que les cadres statistiques adoptés par les différentes villes soient uniformes; 2° qu'il faut qu'ils comprennent les maladies aussi nettement définies que possibles, et non pas des groupes de maladies.

Il faut en outre que les maladies désignées par les rubriques ne soient pas trop nombreuses, afin de ne pas imposer aux municipalités un ouvrage trop considérable qui les rebuterait.

Je me suis attaché, dans le cadre que j'ai soumis à l'acceptation du Comité de direction des services d'hygiène, à énumérer les principales maladies épidémiques, et les maladies les plus meurtrières.

Les quatre cinquièmes des décès sont dus à une quinzaine de maladies seulement. Qu'on y joigne les maladies épidémiques, et que l'on compte les autres décès sous la rubrique « autres causes », on aura un total de vingt-sept rubriques, qui suffiront à rendre un compte très exact de l'état de la santé publique.

Voici la liste de ces maladies, avec indication du nombre des décès qu'elles ont causés à Paris en 1888.

NOMBRE DE DÉCÈS CAUSÉS A PARIS, EN 1888, PAR CHACUNE DES MALADIES INDIQUÉES

Fièvre typhoïde	756
Variole	258
Rougeole	915
Scarlatine	193
Coqueluche	262
Diphtérie	1.729
Choléra asiatique	» »
Phtisie pulmonaire	9.743
Autres tuberculoses	1.271
Tumeur	2.647
Méningite simple	1.675
Congestion et hémorragie cérébrales	2.493
Paralysie sans cause indiquée	309
Ramollissement cérébral	522
Maladie organique du cœur	3.022
Bronchite aiguë	1.418
— chronique	1.920
Pneumonie et broncho-pneumonie	4.155
Diarrhée gastro-entérite	3.998
Fièvre et péritonite puerpérales	216
Autres affections puerpérales	112
Débilité congénitale et vice de conformation	1.308
Sénilité	1.538
Suicides	806
Autres morts violentes	566
TOTAL DES CAUSES DE MORT CI-DESSUS DÉFINIES	41.832
Autres causes de mort	9.020
Causes inconnues	378
TOTAL DES DÉCÈS	51.230

Cette nomenclature comprend :

1° Huit maladies épidémiques qui figurent forcément sur tous les bulletins sanitaires;

2° Treize autres causes de mort tellement fréquentes qu'elles forment, presque à elles seules, les quatre cinquièmes des décès, lorsque les 160 autres maladies dites fréquentes ne constituent, à elles toutes ensemble, que le dernier cinquième des décès. Ces treize fléaux de l'humanité sont : la *phtisie, les autres tuberculoses*, le *cancer* (1), la *méningite*, *l'apoplexie cérébrale*, les *affections cardiaques*, la *bronchite aiguë*, la *bronchite chronique*, la *pneumonie*, la *diarrhée infantile*, la *débilité congénitale*, la *sénilité*, les *morts violentes ;*

3° Quatre rubriques destinées à rendre les précédentes plus claires, plus précises et plus comparables. A la rubrique *fièvre puerpérale* il faut joindre, *autres affections puerpérales*, parce que dans beaucoup de villes étrangères on confond en une seule rubrique toutes les suites de couches. A la rubrique *apoplexie cérébrale*, il faut joindre *paralysie* ou *hémiplégie*, diagnostic incomplet, mais souvent formulé et qui doit compléter la rubrique *apoplexie;* il faut aussi y joindre *ramollissement cérébral*. Dans une ville où les diagnostics se feraient superficiellement, la plupart des apoplexies seraient notées comme paralysies.

Enfin il y a un grand intérêt à distinguer les *suicides* des *autres morts violentes;*

4° Deux rubriques générales qui permettent d'arriver au total des décès : l'une, *autres causes*, qui doit contenir seulement le cinquième des décès; l'autre, *causes restées inconnues*, qui montre, ainsi que la précédente, le degré de zèle apporté à l'établissement de la statistique.

La nomenclature des causes de décès adoptée par le ministère du commerce est assez courte (n'ayant que 27 lignes) pour ne pas surcharger les municipalités d'un travail de bureau exagéré; et, d'un autre côté, elle est suffisante pour rendre compte très exactement de la cause de l'immense majorité des décès. Il y aura sans doute avantage, dès qu'on le jugera possible, à ajouter quelques maladies assez fréquentes à cette nomenclature (hernies et obstructions intestinales, cirrhose, pleurésie, néphrite, péritonite non puerpérale, etc.). Quant aux autres causes de mort, elles ne sont pas assez fréquentes pour constituer, comme celles que nous avons énumérées, un danger public dont il importe de bien connaitre l'étendue pour pouvoir bien le combattre.

(1) A la rubrique *cancer* on a substitué la rubrique *tumeur*.

Instructions destinées à assurer l'uniformité du travail. — Il m'a paru que ces rubriques, si claires qu'elles puissent paraître au premier abord, pouvaient être comprises différemment par les municipalités.

Par exemple, sous quelle rubrique faut-il classer le décès d'un enfant mort de *scarlatine* et *diphtérie?* Est-ce sous la rubrique *diphtérie* ou sous la rubrique *scarlatine?* La diphtérie n'étant qu'une complication de la scarlatine, c'est à la maladie primitive, scarlatine, qu'il faut attribuer le décès. Mais si un décès est attribué à *phtisie et fracture de jambe*, sous quelle rubrique faut-il le classer? A *phtisie,* parce que cette maladie est plus grave et plus souvent mortelle que l'autre, etc., etc. Il importait qu'une solution uniforme fût donnée à toutes ces petites difficultés de détail, de façon que les chiffres eussent une signification bien précise et fussent comparables d'une ville à l'autre. Il importait de plus d'entrer dans un certain détail, puisque ce ne sont pas toujours, il s'en faut, des médecins qui sont chargés du dépouillement des bulletins de décès dans les villes de province.

J'ai donc proposé à l'examen du Comité de direction des services de l'hygiène un projet d'*instruction* qu'il a bien voulu adopter.

Mais il fallait aussi fixer la synonymie, souvent très variée, des termes usités en pathologie. Il fallait dire à l'employé souvent peu instruit, qui classe les diagnostics, que les mots *hémiplégie, paraplégie* sont à peu près synonymes de *paralysie* et doivent être classés sous la même rubrique, mais que les mots *paralysie générale, paralysie agitante*, etc., sont des maladies qui diffèrent de la paralysie simple et ne doivent pas être confondues avec elle. Tout cela ne peut être deviné par un employé, et demandait à être expliqué. Pour y mieux parvenir, j'ai fait un petit dictionnaire d'une dizaine de pages qui contient le nom de toutes les maladies usuelles, avec indication de leur synonymie. Par ce procédé emprunté à la statistique anglaise des professions, on peut espérer d'obtenir des chiffres rigoureusement comparables.

Ces *Instructions* et ce *Dictionnaire des maladies* forment une petite brochure de 25 pages qui a été distribuée à toutes les villes de plus de 5.000 habitants.

Distinction des âges. — Dans toute statistique humaine, la distinction des âges est d'importance capitale. En ce qui concerne la statistique médicale, elle est particulièrement importante. En effet,

on ne saurait être surpris de voir la rougeole et la diphtérie fréquentes dans une ville ou dans un quartier de ville qui contient beaucoup d'enfants (exemple à Paris, le quartier Montparnasse), ni de voir la pneumonie, l'apoplexie ou le cancer très répandus dans un quartier qui contient beaucoup de vieillards (exemple à Paris, la Salpêtrière). Un grand nombre d'anomalies purement apparentes s'expliquent d'elles-mêmes lorsqu'on a soin de distinguer l'âge des décédés.

Quoiqu'il faille éviter de compliquer le bulletin, nous avons compté à part les décès survenus dans la première année de la vie. C'est de beaucoup la plus chargée de décès, et de plus, le nombre de vivants et le nombre des décès de cet âge est toujours difficile à déterminer sans erreur. Il importe donc de les compter à part.

Nous avons introduit seulement quatre coupures dans le reste de la vie humaine. C'est peu, mais c'est suffisant pour le but que nous nous proposons. Les cinq groupes d'âge adoptés sont donc les suivants : 0-1 an ; 1-19 ans ; 20-39 ans ; 40-59 ans ; 60 ans et au delà.

Lorsqu'on aura obtenu que ces tableaux soient exactement remplis, on pourra songer à étendre l'enquête sanitaire à des villes plus petites que 5,000 habitants. Un essai dans ce sens a été fait dans le département de la Seine ; sur ma proposition, le préfet à étendu à toutes les communes de ce département (il en est plusieurs qui n'ont pas 500 habitants) l'obligation de fournir des statistiques mensuelles ; toutes ont pu se soumettre à cette obligation, et même il est arrivé que les plus petites communes sont les plus exactes à envoyer régulièrement leur bulletin statistique. Sans doute on rencontrerait dans d'autres départements plus de difficulté à généraliser ainsi l'établissement de statistiques sanitaires ; cependant, ces statistiques existent dans un grand nombre de pays étrangers (Angleterre, Belgique, Pays-Bas, un grand nombre de pays allemands, Autriche, Suisse, Italie, etc.). En Italie notamment, les statistiques sanitaires présentent des garanties d'exactitude qui ne laissent rien à désirer. On ne conçoit pas pourquoi on ne pourrait pas faire en France ce qu'on fait en Italie et dans les autres pays ci-dessus énumérés.

Mais avant d'étendre à tout le territoire ce service d'informations, il importe qu'il fonctionne avec exactitude dans les villes où il est dès à présent établi.

Améliorations à apporter au service de statistique sanitaire des villes de France

Tels sont les bulletins que les villes de plus de 5,000 habitants sont invitées à envoyer chaque mois au ministère de l'intérieur. Celles qui, par suite de circonstances exceptionnelles, ne pourraient pas remplir ce bulletin, sont invitées à en remplir un qui ne comprend que neuf rubriques de maladies épidémiques.

Ces bulletins sont adressés assez régulièrement au ministère. Là, ils sont dépouillés et publiés. Nous reviendrons plus loin sur les importants enseignements que l'on en peut tirer.

Malheureusement, il nous est démontré que ces bulletins sont dans un certain nombre de villes, remplis avec négligence.

La faute n'en est généralement pas (sauf dans quelques villes) aux médecins. Presque partout, le maire, avant de délivrer un permis d'inhumation, s'enquiert de la cause de mort du décédé. Il a besoin de ce renseignement pour être certain que la mort est naturelle. Pour que sa certitude soit complète, et sa responsabilité bien à couvert, il lui faut un diagnostic précis et formel. Presque partout il l'obtient sans difficulté.

La cause qui rend médiocre la statistique sanitaire de quelques villes n'est donc pas la mauvaise volonté des médecins, mais l'imperfection du travail de classement des causes de mort. Ce travail, étant exercé forcément par des employés qui n'ont aucune connaissance médicale, doit être purement mécanique. C'est le résultat que le Comité directeur des services de l'hygiène pensait obtenir en distribuant des instructions très courtes et très claires, qui apprenaient à l'employé exactement tout ce qu'il avait besoin de savoir. Ces *Instructions* ne sont pas longues, elles tiennent en six pages in-18 ; elles sont rédigées de façon à pouvoir être très facilement comprises même par les plus ignorants ; elles ont été distribuées à profusion ; cependant les employés chargés d'élaborer les statistiques sanitaires ne les ont pas lues et ne savent même pas qu'elles existent. Le petit *Dictionnaire des maladies* qui y est joint, et qui est destiné à faciliter le travail même aux plus ignorants, est également inconnu des employés de mairie.

On comprend que, faute de ces instructions, ils soient embarrassés pour classer les diagnostics formulés ; un employé de mairie n'est pas forcé de savoir que la *tuberculose des poumons* est exactement la même chose que la *phtisie pulmonaire*, etc., et que les décès attribués à l'une et à l'autre doivent être comptés sous la même rubrique. D'un tour de main il l'apprendrait s'il avait la petite brochure des *Instructions*. Mais lorsqu'on ne la lui donne pas, lorsqu'on ne lui prescrit pas de s'en servir, lorsque enfin on ne vérifie pas s'il en fait usage, il ne fait pas d'efforts pour en connaître le contenu.

Que faudrait-il donc pour que les *bulletins sanitaires* devinssent aussi exacts qu'on doit l'espérer? Il faudrait que dans chaque ville de quelque importance, une surveillance plus ou moins active fût exercée sur l'employé chargé d'élaborer la statistique sanitaire. Il n'est pas nécessaire que cette surveillance soit incessante. Il suffit que l'employé soit forcé de connaître les *Instructions* et de s'y conformer.

Nous exprimons le vœu que dans chacune des villes de plus de 5,000 habitants, le maire veuille bien désigner un médecin s'intéressant à l'hygiène publique, qui recevrait la mission de vérifier, chaque mois, le travail de l'employé chargé d'établir la statistique sanitaire.

Imprimerie Edmond Monnoyer.

LES ANNALES ÉCONOMIQUES

ANCIENNE *FRANCE COMMERCIALE*

La Revue paraît le 5 et le 20 de chaque mois

CONDITIONS D'ABONNEMENT

Paris : Un an, **20** fr ; Départements : Un an, **22** fr.
Étranger : Un an, **24** fr.

Les Abonnements partent du 5 de chaque mois

On s'abonne sans frais dans tous les Bureaux de poste de France et de l'Union postale.

Ce Recueil est honoré de Souscriptions des Ministères du Commerce et de l'Industrie, de l'Agriculture, de la Marine et des Colonies, du Conseil municipal de Paris, des Grandes Administrations de l'Etat et des Principales Écoles de Commerce de France et de l'Etranger.

ARMAND MASSIP, *Directeur-Gérant ;*
EMILE BERR, membre de la Société d'économie politique, *Rédacteur en chef.*

COMITÉ DE RÉDACTION :

MM.

BARBE, ✻, député; BARBEY, ✻, sénateur; BURDEAU, ✻, député; E. CHABRIER, O ✻, administrateur de la Compagnie générale transatlantique; G. COMPAYRE, ✻, et PAUL DESCHANEL, députés; LÉON DONNAT, O ✻, membre du Conseil municipal de Paris; EUGÈNE ETIENNE, FÉLIX FAURE, ✻, FERNAND FAURE, députés; FOURNIER DE FLAIX, publiciste; GERVILLE-REACHE, député; ISAAC, sénateur; JAMAIS, JAURES, députés; JOURDAN, ✻, directeur de l'Ecole des Hautes Etudes commerciales; DE LANESSAN, député; E. LEVASSEUR, O ✻, membre de l'Institut; A. PRADON, député; ARTHUR RAFFALOVICH, ✻, publiciste; A. RENOUARD, vice-président de la Société industrielle du nord de la France; JULES RUEFF, ✻, armateur; SABATIER, député; YVES GUYOT, député.

CORRESPONDANTS ÉTRANGERS :

MM.

I.-H. LÉVY, de Londres; M. MATAJA, professeur à l'Université de Vienne (Autriche); VAN HOUTEN, membre de la deuxième chambre des Etats Généraux de la Haye; J. WEILLER, ingénieur aux charbonnages de Mariemont et Bascoup (Belgique).

Les Annales Economiques *contiennent, indépendamment de la publication régulière d'études originales dues à la plume autorisée des écrivains qui composent le Comité de Rédaction, la reproduction et le commentaire des principaux articles de Revues et de Journaux et des documents officiels récemment publiés; les comptes rendus de conférences; l'analyse des ouvrages nouveaux; et — dans une* **Revue Économique** *générale — l'ensemble des informations relatives au mouvement industriel et commercial de la France et de l'Etranger.*

Aux mains de tous ceux qu'intéressent les questions économiques, elles constituent un résumé complet, une sorte de memento *raisonné de tout ce qui s'est dit ou écrit d'important ou d'original sur ces questions, pendant la quinzaine écoulée.*

Les **Annales Economiques** *paraissent en livraisons de 100 pages; elles forment donc un volume de 1,200 pages, chaque semestre.*

Grâce au prix très modique de l'abonnement, elles constituent le plus avantageux des ouvrages de vulgarisation économique qui ait été créé jusqu'ici.

Le Mans. — Typographie Edmond MONNOYER.

www.ingramcontent.com/pod-product-compliance
Lightning Source LLC
LaVergne TN
LVHW012015170826
845678LV00004BA/1504

9782329622200